Cáquiri-cáquiri

(*Diogenes pugilator*) es el nombre común que se le da al cangrejo ermitaño en las costas del Pacífico norte del Chocó biogeográfico, es decir, en Panamá y Colombia (Nuquí, Bahía Solano y Juradó).

Según el *Diccionario de americanismos* (2010) de la Asociación de Academias de la Lengua Española, es un cangrejo marino «muy pequeño, que no construye y es huésped de las viviendas desechadas por otros caracoles; su carne es poco apreciada y se utiliza como carnada».

KÁKIRI

Velia Vidal

KÁKIRI

Gina Rosas M.

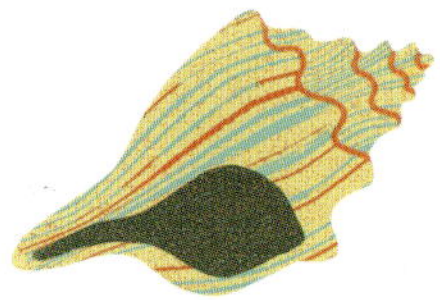

A Jonas y mis amigos en el mundo.
Sus caracolas han sido un hogar para mí.

Velia Vidal

A las personas que han sido refugio,
para quienes echamos raíces lejos de donde nacimos.

Gina Rosas Moncada

Para todas las personas del planeta
que luchan por su caracola.

«¡Kákiri, Kákiri!, una caracola rosada».
Se alegró el cangrejo ermitaño,
que una casa nueva ya necesitaba.

Lucila vio la mañana soleada:
«¡Vamos a la playa, mamá!».
Y la mamá, como siempre,
dejó su escritorio y fue con ella al mar.

«¡Kákiri, Kákiri! Entrada fácil, casa espaciosa,
pasaré aquí una temporada deliciosa».

«¡Mira, mamá!, una caracola rosada,
la guardaré en mi caja morada».

Acostumbrado a ir de casa en casa,
el cangrejo ermitaño hasta una cueva pasa
y olvida su palacio de generoso espacio.

«¡Hay muchas conchas y caracolas, mamá!
¡Quiero tener una gran cantidad!».

Al salir de la cueva:
«¡Kákiri, Kákiri!, otra concha cerca.
Está algo gastada,
¿será una casa encantada?».

«¡Mira, mamá!,
esta tiene un huequito.
Puedo usarla en
un collar bien bonito».

Acostumbrado a ir de casa en casa,
el cangrejo ermitaño a un refugio pasa.
Se mete al pasto entre la arena
y ahora parece que tiene melena.

«Salgamos por acá, Lucila,
nuestro paseo ya se termina».

«¡Kákiri, Kákiri!, veo desde el pasto,
aunque envejecida,
la que puede ser
una concha a mi medida».

«¡Mira, mamá!, una concha rara
justo en el camino,
parece que quisiera
venir conmigo».

Acostumbrado a ir de casa en casa,
el cangrejo ermitaño mira lejos y pasa.
Piensa en su futuro,
necesita pronto un lugar seguro.

«Hora de irnos, querida Lucila.
Tenemos tareas en la cocina».

«¡Kákiri, Kákiri!,
una coraza de pared gruesa.
Quedarse en esta
sería una proeza».

«¡Ay, mamá!, recojo esta y listo.
¡Es de las más lindas que he visto!».

Acostumbrado a ir de casa en casa,
con cuidado, el cangrejo ermitaño pasa
entre la frontera del mar y la acera,
pues tener dónde vivir ya no da espera.

«Sacúdete bien los pies, Lucila».
«Bueno, mamá, luego lavaré mis caracolas
y les tomaré una foto para mis amigas».

«¡Kákiri, Kákiri!,
algunas rayas negras, otras plateadas.
Sí que es un poco pequeña,
pero con la apariencia que cualquiera sueña».

«Ya voy para allá, mamá,
dejo mis tesoros en mi caja morada
y luego hago la ensalada».

Instalado en su casa que brilla al sol,
el cangrejo ermitaño contempla con desazón
su playa y su mar, a la distancia,
y, sin saber por qué, se llena de ansias.

«Mira, mamá, todas las caracolas que coleccioné,
de todos los tamaños y colores que siempre soñé».

«¡Kákiri, Kákiri!, ya tengo una casa con magia,
pero, por alguna razón, siento mucha nostalgia».

«Estuvo delicioso el almuerzo, mamá.
¿Puedo ir a mi cuarto un rato, antes de lavar los platos?».
«Mmmmm, te conozco, juguetona,
vas a ir a entretenerte con tus caracolas».

Pequeña pausa, tras la larga jornada.
¡Tantas caracolas amontonadas
y el cangrejo ermitaño
solo quería una como su morada!

«Juega unos veinte minutos,
tú sabes que no me gusta
dejar los platos sucios».

«¡Kákiri, Kákiri!,
sopla la brisa que viene del mar;
ahora que tengo casa,
es tiempo de volver a mi hogar».

¡Qué bonito es Panamá!

SE VENDE

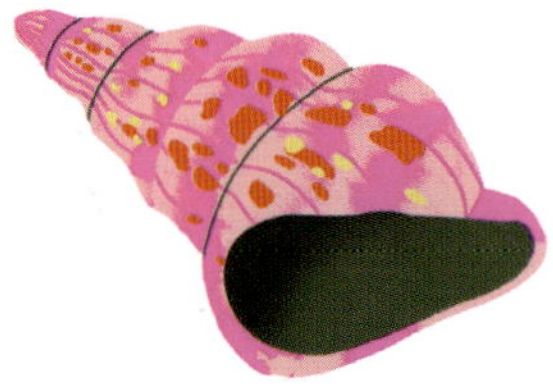

Velia Vidal Romero

Bahía Solano, su caracola del primer aliento.
Quibdó, la del encanto junto al río Atrato.
Cali, donde se refresca con la brisa.
Medellín, su caracola refugio y hogar.
Berlín, insólita pero habitual parada.
Londres, la caracola que la tiene enamorada.
Bogotá, a la que no comprende, pero siempre vuelve.

Gina Rosas Moncada

Bogotá, caracola raíz, con la mitad de su vida ahí.
Berlín, colorida y diversa puerta al mundo, que conquistó su joven corazón.
Hamburgo, su calmada y serena caracola, que ahora llama segundo hogar.
Amazonas, hogar de paso, lleno de grandeza, respeto y conexión.
Málaga, refugio de invierno, donde alimenta el alma.

Penguin
Random House
Grupo Editorial

Título original: *Kákiri, Kákiri*

Primera edición: junio de 2025
Primera impresión en Colombia: junio de 2025

Carrera 7ª No.75-51. Piso 7, Bogotá, D. C., Colombia
PBX: (57-601) 743-0700

ISBN: 978-628-7658-52-3

Impreso en Colombia-*Printed in Colombia*

Compuesto en caracteres Value Serif Pro

Impreso por Editorial Nomos, S.A.